LYDORIE

OU

LA MÉDISANTE

DRAME EN DEUX ACTE

Composé pour les distributions des prix

ET LES RÉCRÉATIONS LITTÉRAIRES

Dans les Pensionnats de Demoiselles.

Par M. D. R.

PROPRIÉTÉ DES ÉDITEURS.

PRIX : 60 CENTIMES.

LYON

GIRARD ET JOSSERAND, IMPRIMEURS-LIBRAIRES
Place Bellecour, 4

1855

LYDORIE

OU

LA MÉDISANTE

DRAME EN DEUX ACTES

COMPOSÉ

POUR LES DISTRIBUTIONS DES PRIX ET LES EXERCICES LITTÉRAIRES

dans les Pensionnats de Demoiselles ;

Par M. D. R.

PRIX : 60 CENTIMES.

LYON,

GIRARD ET JOSSERAND, IMPRIMEURS-LIBRAIRES

Place Bellecour, 4.

1855

Personnages.

Mme TOURNEUIL, riche veuve.
ELÉONORE, sa fille.
Mme DUVAL DE SAINT-CLAIR, sœur de Mme Tourneuil.
Mme DORSANGE, amie de Mmes Tourneuil et Duval.
ISABELLE, sa fille.
MARGUERITE,
CHARLOTTE,
JENNA,
ZÉNOBIE,
} amies d'Éléonore.
REINE, bonne.

Lyon. Impr. de GIRARD et JOSSERAND, rue St-Dominique, 13

LYDORIE

ou

LA MÉDISANTE

DRAME EN DEUX ACTES.

———∞∘∞∘∞———

ACTE PREMIER.

SCÈNE I.

Mᵐᵉ TOURNEUIL, ÉLÉONORE, *un livre à la main.*

Mᵐᵉ TOURNEUIL.

Tu t'occupes tranquillement à lire, Éléonore. As-
tu donc oublié que nous attendons compagnie ce soir ?

ÉLÉONORE.

Non, ma chère maman, je ne l'ai point oublié, et
j'ai donné tous mes soins à l'ouvrage dont vous m'a-
vez chargée. Je me délasse en ce moment par la lecture de ce petit livre, qui m'intéresse singulièrement.

Mme TOURNEUIL.

Quel est ce livre ?

ÉLÉONORE, *le lui présentant.*

Voyez, maman, il appartient à mon frère. Je crois qu'il est impossible de trouver une peinture plus vive et une critique mieux faite des mœurs et des usages de notre siècle.

Mme TOURNEUIL.

Pourquoi déranges-tu les livres de ton frère pendant son absence ? et quel plaisir peux-tu trouver à une pareille lecture ? Elle ne convient ni à ton âge, ni à ton sexe.

ÉLÉONORE.

Et pourquoi donc, maman, je vous prie ?

Mme TOURNEUIL.

Parce que tu n'es pas appelée à rectifier la société, dont tu aperçois ordinairement les défauts à travers un microscope. Tu ferais mieux de lire un ouvrage qui ouvrirait ton cœur à l'indulgence et à la charité.

ÉLÉONORE.

Je ne manque pas de charité, maman, car je ne hais personne. Si je saisis peut-être un peu mieux qu'une autre les ridicules et les vices que j'aperçois, je n'en suis réellement pas cause ; ils me sautent aux yeux.

Mme TOURNEUIL.

Si tu étais bien occupée à la garde de ton propre cœur, ma fille, tu verrais moins les travers de ton prochain, et tu travaillerais plus utilement en cherchant à te réformer qu'en condamnant les autres. Je suis singulièrement peinée de ton penchant à la médisance ; outre les fautes sans nombre dont tu te rends coupable, tu détruis ton avenir, tu empoisonnes ta vie ; car il est impossible qu'avec ta manière d'agir, tu ne te fasses pas beaucoup d'ennemis.

ÉLÉONORE.

Le tendre intérêt que vous me portez, maman, et la bonté naturelle de votre cœur exagèrent le mal. Je serais au désespoir d'altérer en rien la vérité, et la calomnie est à mes yeux pire que l'homicide. J'aimerais mieux mourir que d'en faire une seule.

Mme TOURNEUIL.

Je le crois, ma fille. Mais de la médisance à la calomnie il n'y a qu'un pas, et il arrive souvent qu'en croyant dire la vérité, on raconte des faits altérés et envenimés par la méchanceté ; alors, croyant tout au plus commettre une faute légère, on se rend coupable d'un crime. Prends-y garde, Éléonore, ton cœur n'est pas mauvais, et cependant, en suivant cette funeste pente, tu peux faire beaucoup de mal.

ÉLÉONORE.

Soyez tranquille, chère maman ; je sais à qui je

m'adresse, et jamais je ne parle de personne, à moins
que ce ne soit à vous ou à des amies discrètes. Cela
ne va jamais plus loin.

Mme TOURNEUIL.

Tu fais plus d'honneur à tes amies qu'à toi-même,
en les supposant discrètes. Mais je veux bien qu'il
en soit ainsi; peuvent-elles t'estimer et t'aimer en te
voyant relever les moindres travers dont personne
n'est exempt? ne doivent-elles pas, tout en riant de
tes saillies, craindre de devenir à leur tour l'objet de
tes sarcasmes? Et puis, indépendamment de ces raisons, tu peux causer de grands maux dans la société.

ÉLÉONORE.

Oh! maman!...

Mme TOURNEUIL.

Ne te récrie pas, ma fille; tu dois te rappeler les
maux que tu as causés à cette pauvre petite Louise
en la faisant renvoyer d'une bonne place par tes rapports indiscrets. Tu sais qu'elle a langui plusieurs
mois dans la misère.

ÉLÉONORE.

Ah! maman, quelle plaie vous rouvrez dans mon
cœur! Je vous en supplie, ne m'en parlez plus; j'ai
versé assez de larmes, et vous savez que j'ai fait tout
mon possible pour la consoler dans sa disgrâce.

Mme TOURNEUIL.

Oui, ma fille, je sais que tu as employé généreuse-

ment l'argent destiné à ta toilette d'été pour la se-
courir ; car, je le sais, ton cœur est naturellement
bon. Cependant, malgré ce sacrifice qui était grand
pour toi, tu n'as réparé le mal que bien imparfaite-
ment, et la pauvre jeune fille souffrira peut-être encore longtemps des suites de ton indiscrétion. Ah !
qu'il vaudrait donc bien mieux retenir sa langue !
Ma chère Éléonore, je t'en conjure, corrige-toi ; tu
serais si aimable et moi si heureuse si tu n'avais pas
ce défaut !

ÉLÉONORE.

Je me corrigerai, maman, je vous le promets, et
dès aujourd'hui vous n'entendrez plus sortir de ma
bouche une seule parole qui puisse blesser directe-
ment ou indirectement personne.

Mme TOURNEUIL.

Que Dieu te fasse la grâce d'être fidèle à cette
bonne résolution, et je serai une heureuse mère.
Dans les rapports que tu vas avoir avec ta tante, sois
discrète, et ne te permets aucune observation sur le
compte de personne.

ÉLÉONORE.

Vous serez contente de moi, ma chère maman.
Mme Dorsange et Isabelle se trouveront-elles à notre
réunion ?

Mme TOURNEUIL.

Sans doute ; Mme Dorsange a été l'intime amie de

ta tante, et je ne. puis lui procurer une compagnie
qui lui soit plus agréable.

ÉLÉONORE.

On ne peut pas disputer sur les goûts. Celui de ma
tante est singulier. Je ne conçois pas qu'une femme
qui a occupé dans le monde un rang élevé, qui est
distinguée elle-même par ses manières, puisse trouver du plaisir auprès de Mme Dorsange, qui est assez
bonne personne sans doute, mais si commune, si lésineuse, si froide ! une femme enfin pour qui l'argent est tout.

Mme TOURNEUIL.

Ah ! Éléonore ! Éléonore ! tu oublies déjà ta pro-
messe. Rien n'est faux comme le portrait que tu fais
de Mme Dorsange. C'est une veuve respectable, une
bonne mère de famille, qui s'occupe exclusivement
de ses devoirs, en soignant ses affaires et élevant parfaitement ses enfants.

ÉLÉQNORE.

Vous trouvez, maman ? Cependant Isabelle est peu
instruite, gênée dans ses manières et son maintien,
lente et...

Mme TOURNEUIL, l'interrompant.

Tais-toi, je t'en supplie ; tes observations me font
mal. Tu es toujours la même ; je ne crois pas...

SCÈNE II.

LES MÊMES, REINE.

REINE, *en entrant.*

Madame, voudriez-vous avoir la bonté de passer à la cuisine? Nanette aurait besoin de vos conseils.

Mme TOURNEUIL.

J'y vais. Éléonore, fais-moi le plaisir de ne pas reprendre ta lecture. Regarde s'il ne manque rien au couvert, prépare les bougies, arrange un vase de fleurs que tu poseras sur la console de la salle à manger, puis tu iras tenir compagnie à ta tante.

ÉLÉONORE.

Oni, maman. (*Mme Tourneuil sort.*)

SCÈNE III.

ÉLÉONORE, REINE.

ÉLÉONORE.

Votre ouvrage avance-t-il, Reine?

1.

REINE.

Oui, mademoiselle. Cependant tout n'est pas fini,
et j'ai encore bien des pas à faire avant la collation.
Mais si l'on fait de la musique ce soir, je me mettrai
à la porte du salon, j'écouterai, et mes peines seront
payées.

ÉLÉONORE.

Vous aimez donc bien la musique?

REINE.

J'en suis folle. Ah! que je voudrais être une demoiselle pour toucher du piano !

ÉLÉONORE.

Moi, je n'y trouve aucun plaisir, et je m'effraie
presque de la soirée. Cependant Marguerite fait tant
de grimaces en chantant que je ne puis m'empêcher
de rire lorsque je l'entends ; elle m'amuse autant par
ses ridicules contorsions que Charlotte m'ennuie avec
son air prétentieux lorsqu'elle chante au piano. Elle
se croit un véritable Orphée.

REINE.

C'est bien vilain de sa part. (*A part.*) Je ne sais
pas ce qu'elle veut dire.

ÉLÉONORE.

Comment trouvez-vous ma tante ?

REINE.

Parfaitement bien, mamzelle.

ÉLÉONORE.

N'est-ce pas? Elle serait cependant mieux sans cet air nonchalant et dédaigneux qui ne la quitte guère. Cela n'est pas étonnant : on se donne partout tant de mouvement pour la fêter qu'elle se croit plus que tout le monde. Elle fait, au reste, comme tous les gens riches.

REINE.

C'est certain ça. Il faut voir aussi comme tous les gens du château sont sens dessus dessous depuis trois semaines qu'ils attendent Mme de Saint-Clair.

ÉLÉONORE.

Arrive-t-elle bientôt ?

REINE.

On l'attend tous les jours ; elle devrait être ici.

ÉLÉONORE.

La plus jeune bonne est votre cousine ; que vous en a-t-elle dit ?

REINE.

Peu de chose ; elle ne l'a jamais vue. Mais il paraît que cette dame n'est pas commode et qu'on la craint beaucoup. On dit qu'elle tient sa maison dans un ordre parfait, qu'elle voit tout par elle-même et ne passe rien ; car le régisseur est sévère, sans doute d'après ses ordres. Avec cela, elle donne de grands repas. Il y a deux belles salles à manger. Mariette prévoit bien de l'ouvrage pour elle, et elle s'en effraie. Mais, mamzelle, n'en dites rien; si ça revenait aux oreilles de cette dame, elle se douterait d'où ça sort et mettrait Mariette à la porte. La pauvre fille, qui n'a ni père ni mère, a bien besoin de gagner sa vie.

ÉLÉONORE.

Enfant ! et à qui voulez-vous que j'en parle? Eh bien! Mme de Saint-Clair, malgré ses travers, aura encore des partisans. Si elle est mesquine et avare, elle plaira à Mme Dorsange et à Isabelle ; son air dédaigneux conviendra à Marguerite, ses fêtes et sa toilette à Jenna, ses grands festins à Charlotte, et Zénobie applaudira toutes les fois qu'elle l'entendra gronder injustement un pauvre domestique.

REINE.

Comme vous savez donner à chacun son paquet, mamzelle! Rien ne vous échappe.

ÉLÉONORE, *riant.*

Trouvez-vous?

REINE.

Quand vous serez maîtresse de maison, il ne sera pas facile de vous tromper ; vous connaissez les gens rien qu'à les voir, mamzelle.

ÉLÉONORE.

Il ne me faut pas longtemps, en effet... Mais je vais faire ce que maman m'a ordonné, ensuite j'irai auprès de ma tante.

REINE.

C'est une tante à ménager, celle-là ; riche et sans enfants, cela en vaut la peine.

ÉLÉONORE, *en sortant*.

Jamais l'intérêt ne me fait agir.

REINE, *seule*.

C'est bien plutôt la méchanceté. Quelle langue, grand Dieu ! Elle trouve toujours des défauts à tout, il n'y a qu'elle de parfaite. J'ai eu tort de répéter ce qu'a dit Mariette, elle ne sait rien garder... Ah ! si elle savait le vilain nom qu'on lui donne, elle ne causerait pas tant ; mamzelle Lydorie, je crois. On dit que ce nom signifie qu'elle dit du mal de tout le monde. Si cela est, il lui convient bien... Mais qui vient?...

SCÈNE IV.

REINE, MARGUERITE, CHARLOTTE, JENNA, ZÉNOBIE.

MARGUERITE.

Bonjour, Reine. Mlle Éléonore est-elle visible ?

REINE.

Je l'ignore, mesdemoiselles ; je vais vous annoncer. (*Elle sort.*)

CHARLOTTE, *tandis qu'elle sort.*

Si elle est occupée, ne la dérangez pas.

JENNA.

Si elle est seule, vraisemblablement elle n'est pas
occupée, car elle ne s'occupe guère ; mais si elle est
en compagnie, c'est une autre affaire : il faut qu'elle
déplore toutes les misères et qu'elle condamne toutes
les fautes du genre humain.

CHARLOTTE.

Ton frère a eu une idée bien ingénieuse en l'appe-
lant Lydorie.

ZÉNOBIE.

Que veut donc dire ce mot ?

JENNA.

Mon frère dit que c'est un mot tiré du grec, qui
veut dire à peu près mauvaise langue.

ZÉNOBIE.

En ce cas, il est bien appliqué.

JENNA.

Ce qu'il y a de plaisant, c'est qu'elle est la pre-
mière à tourner Lydorie en ridicule, sans savoir que
c'est d'elle-même qu'il est question.

ZÉNOBIE.

Je ne sais, mais il y a là un air de perfidie.

CHARLOTTE.

Elle le mérite trop bien ; et, puisqu'elle aime tant à médire, il est juste qu'elle médise d'elle-même.

MARGUERITE.

Doucement, doucement, mes bonnes amies ; autrement vous tomberez dans le vice que vous blâmez si hautement.

CHARLOTTE.

Tu nous connais assez, ma chère Marguerite, pour savoir qu'il ne nous vient jamais à l'idée de censurer la conduite de qui que ce soit ; mais tu avoueras toi-même qu'il est juste de blâmer hautement celle dont toutes les paroles ressemblent à la morsure envenimée du serpent.

JENNA.

Dis donc de la vipère ; le terme ne sera pas trop fort.

MARGUERITE.

Quoi qu'il en soit, il n'est jamais permis de faire une chose que l'on juge répréhensible dans les autres.

CHARLOTTE.

J'en conviens ; mais Lydorie offre vraiment une exception à la règle.

MARGUERITE.

Il n'y a point d'exception à la règle éternelle de la charité.

JENNA.

La peine du talion ; que celui qui tue soit puni de mort, et que celui qui ternit la réputation de son prochain perde sa propre réputation.

MARGUERITE.

Nous ne sommes pas ses juges, et elle se fait plus de tort qu'à nous.

ZÉNOBIE.

Oh ! pour cela, j'en conviens ; il n'est question dans la ville que de Mlle Lydorie.

JENNA.

Quelle différence entre elle et la bonne Isabelle Dorsange ! L'une envenime toutes les actions de ses meilleures amies, l'autre trouve le moyen de tout excuser.

MARGUERITE.

Eh bien ! puisque nous admirons toutes, et avec raison, la conduite d'Isabelle, imitons-la, et au lieu de donner à notre compagne un nom injurieux...

CHARLOTTE.

Je te prie, Marguerite, brisons là-dessus, point de grâce...

SCÈNE V.

LES MÊMES, ÉLÉONORE.

ÉLÉONORE, *en entrant.*

Bonjour, mes chères amies ; je vous demande pardon de vous avoir fait attendre, il m'a été impossible
de venir plus tôt.

MARGUERITE.

Ce serait à nous à te demander excuse de te déranger un jour où tu as tant à faire ; mais notre visite
sera courte. Nous avons oublié de te demander si la
soirée où tu nous as si gracieusement invitées est une
soirée dansante ; il faut le savoir pour arranger sa
toilette convenablement, sous peine d'être couvertes
de ridicule.

ÉLÉONORE.

C'est, comme nous vous l'avons dit, une petite fête
de famille ; on nous servira une collation, et puis
j'espère bien que nous danserons, mais sans céré-
monie.

JENNA.

Ce sera le moyen de bien nous amuser.

CHARLOTTE.

Aurez-vous beaucoup de monde ?

ÉLÉONORE.

Non, seulement quelques amies de ma tante.

JENNA.

J'ai peu vu cette dame, mais elle m'a paru extrê-
mement aimable.

ÉLÉONORE, *nonchalamment.*

Oui, elle est fort bien.

JENNA.

On dirait que tu le dis à regret.

ÉLÉONORE.

Non, non, réellement. A part quelques petits ca-
prices, elle est très-bonne.

MARGUERITE.

Nous avons tous quelques défauts, il n'y a rien de
parfait sur la terre.

ÉLÉONORE.

Marguerite est une vraie philosophe, elle trouve
des raisons à tout.

CHARLOTTE.

Elle est absolument le contraire de Mlle Lydorie.

ÉLÉONORE.

Que vous m'avez donc amusée avant-hier avec votre demoiselle Lydorie! Y a-t-il longtemps qu'elle de-
meure ici ?

JENNA.

Je l'ignore, mais c'est toujours une singulière personne avec ses prétentions. Quoiqu'elle ne soit pas

d'une beauté parfaite, que son esprit soit très-borné, que son cœur soit des moins bons, elle trouve des défauts à tout.

ÉLÉONORE.

Il n'y a qu'elle de parfaite, sans doute.

JENNA.

Elle le croit ainsi. Elle tranche et décide les questions les plus difficiles, et croit que tout l'esprit et la raison du genre humain résident dans son cerveau.

ÉLÉONORE.

Le singulier personnage ! Je donnerais tout au monde pour le connaître et m'amuser à ses dépens.

CHARLOTTE.

C'est assez difficile, car elle ne sort pas beaucoup ; sa mère ne le veut pas. Elle se renferme dans un cercle d'habitués dont elle tâche de tirer quelques nouvelles ; puis elle les commente, les allonge, les embellit, les envenime selon son caprice; ensuite elle les débite avec une assurance qui en impose à ceux qui ne la connaissent pas.

ÉLÉONORE.

Ajoutez donc à son nom celui de pie babillarde.

JENNA.

C'est cela même ; la pie babille et vole, et Lydorie ravit en babillant la réputation du prochain.

CHARLOTTE.

Tu as une excellente idée, Éléonore ; ce nom ne saurait mieux convenir.

ZÉNOBIE.

Ainsi, c'est entendu : Lydorie, pie babillarde.

MARGUERITE.

Ah! mesdemoiselles, mesdemoiselles, que la charité est une belle vertu !

ÉLÉONORE.

Sans doute, mais nous n'en manquons pas.

MARGUERITE.

La charité pardonne tout, souffre tout, loin de chercher des ridicules.

ÉLÉONORE.

Bah! bah! vas-tu nous faire un crime d'une idée ingénieuse? Ce nom peint la personne au naturel.

MARGUERITE, levant les épaules de pitié.

Qu'elle le garde donc !

SCÈNE VI.

LES MÊMES, Mme DUVAL.

Mme DUVAL.

Bonjour, mesdemoiselles; je suis enchantée de vous voir.

MARGUERITE.

Vous êtes trop bonne, madame; l'avantage est pour nous.

Mme DUVAL.

Comment se fait-il, Éléonore, que tu n'aies pas fait asseoir tes amies ?

JENNA.

Nous sommes venues faire une petite commission, et nous ne voulions pas nous arrêter, madame ; ce n'est pas aujourd'hui le jour.

Mme DUVAL.

Êtes-vous disposées à apporter beaucoup de gaîté à la soirée ?

CHARLOTTE.

Oh ! oui, madame ; nous aimons bien rire.

ÉLÉONORE.

Lorsque vous êtes entrée, ma tante, nous riions de bon cœur aux dépens de Mlle Lydorie.

Mme DUVAL.

Qui est cette personne ?

ÉLÉONORE.

Une pédante ridicule, qui se croit parfaite, et qui trouve des défauts à tout le monde.

Mme DUVAL.

Malheureusement il y a bien des gens de ce caractère ; gardons-nous d'en faire nos amis, mais laissons aux autres le soin de les punir.

MARGUERITE.

Vous avez raison, madame ; s'en occuper malignement, c'est leur ressembler.

Mᵐᵉ DUVAL.

Eh bien ! n'en parlons plus. Voyez-vous souvent Mˡˡᵉ Dorsange ?

CHARLOTTE.

Aussi souvent que ses occupations peuvent le lui permettre.

ÉLÉONORE.

Et c'est assez rarement, car Isabelle est avare de son temps comme de tout le reste. Elle calcule les instants d'une visite.

MARGUERITE.

La pauvre enfant est si occupée ! Elle a trois frères en pension ; et comme sa mère se gêne beaucoup pour les faire instruire, elle y contribue de tout son pouvoir en travaillant au dessus de ses forces. On ne prend jamais d'ouvrières, elle vient à bout de tout.

Mᵐᵉ DUVAL.

C'est une jeune personne bien estimable ; Dieu la bénira, et un jour ses frères...

REINE, *en entrant.*

Madame, la modiste apporte votre coiffure et celle de mademoiselle ; elle désire vous les essayer.

Mᵐᵉ DUVAL.

Un moment. Dites-lui d'attendre ou de repasser plus tard.

MARGUERITE.

Veuillez ne pas vous déranger, madame ; nous allons nous retirer.

Mme DUVAL.

Ah! mesdemoiselles, je vous prie...

JENNA.

Il faut aussi nous préparer pour la soirée.

Mme DUVAL, *les reconduisant.*

Au plaisir de vous revoir, mesdemoiselles.

ÉLÉONORE.

A ce soir, mes bonnes amies. (*Elles sortent.*)

Mme DUVAL.

Viens vite, Éléonore ; nous pouvons encore être dérangées, ne perdons point de temps.

ÉLÉONORE.

Allons, ma tante ; en nous habillant, je veux vous faire rire en vous parlant de Lydorie.

FIN DU PREMIER ACTE.

ACTE SECOND.

SCÈNE I.

Mme DUVAL, *seule*.

Quelle triste nuit je viens de passer !... Je ne puis me remettre de l'émotion pénible que j'ai éprouvée hier soir... Serait-il possible que ma nièce eût le cœur méchant ?... Je n'ose le croire, sa mère est si bonne !... Non, non, cela ne se peut pas, et, quoique cette confidence m'ait été faite avec les apparences de la franchise et de la charité, je persiste à croire que l'envie et la jalousie l'ont dictée... Ce nom injurieux qu'on donne à cette enfant est sans doute un effet de la calomnie, et mérite de ma part un redoublement de tendresse pour fermer la bouche aux envieux. Cachons donc notre émotion ; ne contristons pas ma bonne sœur, qui s'est donné tant de sollicitude pour me procurer du plaisir... Demain je vais donc, en la conduisant dans l'appartement délicieux qui lui est préparé, lui apprendre que cette dame de Saint-Clair dont tout le monde envie le bonheur est sa sœur bien-aimée, qui n'apprécie ses richesses que pour l'en faire jouir.

SCÈNE II.

Mᵐᵉ DUVAL, ÉLÉONORE.

ÉLÉONORE.

Eh bien! ma tante, comment avez-vous trouvé notre petite réunion? vous êtes-vous un peu amusée ?

Mᵐᵉ DUVAL.

J'ai passé une soirée des plus agréables, ma chère
amie, et je suis très-reconnaissante de tout ce que
vous faites, ta maman et toi, pour me procurer du
plaisir.

ÉLÉONORE.

Hélas ! malgré le désir que nous en avons, je crains
bien, ma chère tante, que vous ne vous ennuyiez un
peu ; vous avez habité de grandes villes, fréquenté la
haute société ; ce que nous pouvons vous offrir en
compensation est bien peu de chose.

Mᵐᵉ DUVAL.

Crois-tu que ce soit le luxe et les plaisirs bruyants
qui constituent le bonheur ? Détrompe-toi, ma chère
amie ; je n'ai trouvé dans un rang élevé que gêne,
contrainte, ennui, embarras, et je n'ai véritablement
commencé à être heureuse que lorsque, retirée du
monde, j'ai pu adopter un genre de vie plus conforme
à mes goûts, un tout petit train de maison ; quelques
vraies amies m'ont causé plus de jouissances que toutes les fêtes auxquelles j'étais obligée autrefois de
prendre part. Aussi ai-je dressé d'avance mon petit

plan, et je me propose de ne chercher ici d'autres plaisirs que celui de vivre en paix au sein d'une famille que je chéris.

ÉLÉONORE, *lui prenant une main dans les siennes.*

Bonne tante! ah! nous nous réjouissons bien aussi de votre arrivée; je pense absolument comme vous, et j'ai vu dans le monde tant de fausseté, tant d'égoïsme, de dureté, de jalousie, de vices, en un mot, que je l'ai pris en horreur, et si j'aimais moins ma mère, je me serais déjà confinée dans une solitude.

Mme DUVAL.

Tu pousses les choses trop loin, ma chère enfant; quoiqu'il y ait dans la pauvre humanité bien des vices et bien des erreurs, il y a cependant bien des vertus sublimes et des âmes vraiment supérieures. Il faut aimer les uns, supporter les autres, et avoir pour tous l'indulgence que nous voulons que l'on ait pour nous.

ÉLÉONORE.

Vous avez raison, ma tante; la charité nous oblige à supporter le prochain, malgré tous ses travers. Mais l'on s'indigne malgré soi, en se trouvant à chaque instant avec des personnes aussi déraisonnables.

Mme DUVAL.

Je ne sais réellement, ma nièce, ce qui peut te porter à cette misanthropie si extraordinaire à ton âge; tu as une excellente mère, ton frère se conduit parfaitement, tes amies sont charmantes, toutes les personnes que tu vois sont recommandables par leurs

bonnes qualités. Ah ! tu n'as encore vu le monde que
de son bon côté. La jeune Isabelle Dorsange, la fille
de notre intime amie, me plaît beaucoup.

ÉLÉONORE.

Elle est en effet très-aimable, ma tante ; c'est bien
la mieux de toutes les demoiselles qui composent ma
société. Elle est, il est vrai, lésineuse et avare ; mais
qui n'a pas ses défauts ? Je la préfère mille fois à
toutes les autres. Marguerite est si orgueilleuse ! il
semble que toute la raison du genre humain est ren-
fermée dans son cerveau. Jenna est d'une légèreté
qui va à la coquetterie, Charlotte ne s'occupe guère
que de cuisine et de bons mets, et un mot suffit pour
causer un violent accès de colère à Zénobie.

Mme DUVAL.

Comme tu les habilles, grand Dieu ! Mais sais-tu
bien, ma nièce, que cette manière de parler n'est
guère chrétienne ?

ÉLÉONORE.

Je vous prie de croire, ma tante, qu'avec tout autre que vous je garderais le silence ; mais vous m'in-
spirez tant de confiance que je ne puis parler avec
vous qu'à cœur ouvert. D'ailleurs, vous ne les verrez pas longtemps sans vous apercevoir de leurs
défauts ; ils sautent aux yeux.

Mme DUVAL.

J'ai l'habitude de ne pas remarquer les défauts des
personnes dont je ne suis pas chargée, et je trouve

en moi assez à réformer sans m'occuper des autres...
Mais ta maman a bien de l'ouvrage ce matin; va l'aider, je puis rester seule.

ÉLÉONORE.

J'ai tant de plaisir à être auprès de vous, ma tante, que je ne puis vous quitter.

Mme DUVAL.

Lorsque ta mère sera libre, vous reviendrez toutes deux, et rien ne nous dérangera plus.

ÉLÉONORE, *en sortant.*

Au revoir, ma tante bien-aimée.

SCÈNE III.

Mme DUVAL, *seule; ensuite* REINE.

Mme DUVAL.

Dépêche-toi, ma fille... Quel caractère, grand Dieu! j'en suis désolée. Hélas! j'espérais retrouver dans cette enfant toute la famille que j'ai perdue, je me réjouissais d'avance de partager avec ma sœur la tendresse et les soins maternels; je voulais l'entourer de paix et de bonheur et la doter de manière à lui faire faire un mariage avantageux, et voilà tous mes projets déçus. Le moyen d'aimer une vipère qui lance à chaque instant son dard empoisonné!... Tout ce que j'ai appris hier n'est donc que trop vrai. O malheur! fallait-il tant se réjouir? fallait-il acquérir à grands frais une propriété pour me fixer ici?... Enfin, elle est jeune, elle pourra peut-être se corriger... Quel moyen prendre?... Mon Dieu, éclairez-moi !... En attendant, insinuons-lui doucement le grand précepte de la charité, qu'elle paraît méconnaître entièrement.

REINE.

Mme Dorsange et sa demoiselle demandent si vous êtes visible.

Mme DUVAL.

Oui, mon enfant ; faites-les entrer.

SCÈNE IV.

Mme DUVAL, Mme DORSANGE, ISABELLE.

Mme DUVAL, *allant à la rencontre de son amie.*

Bonjour, ma chère amie ; bonjour, mademoiselle Isabelle ; vous êtes bien aimables de venir passer un moment auprès de moi. (*Leur présentant des siéges.*) Veuillez vous asseoir.

Mme DORSANGE.

Comment te trouves-tu de ta soirée, ma chère amie ? Tu n'es pas remise encore des fatigues de ton voyage, et tu t'es mise au lit bien tard. Ce dérangement dans tes habitudes t'a peut-être incommodée.

Mme DUVAL.

Pas le moins du monde, ma chère Joséphine ; le plaisir que j'ai goûté en si aimable compagnie m'a mieux reposée que le meilleur lit, et j'espère bien, lorsque je serai chez moi, réunir souvent la même société. Vous y viendrez, ma bonne Isabelle, n'est-ce pas ?

ISABLLLE.

Ce sera un grand plaisir pour moi, madame.

Mme DORSANGE.

Mme Tourneuil et Mlle Éléonore ne sont pas visibles ?

Mme DUVAL.

Elles sont occupées pour le moment, mais elles ne tarderont pas à venir. Mlle Isabelle est une des bonnes amies d'Éléonore ?

ISABELLE.

Oui, madame ; nos mamans sont intimes, et c'est un plaisir pour nous de marcher sur leurs traces.

Mme DUVAL.

Vos caractères cependant ne se ressemblent guère ; vous êtes bonne, ma chère Isabelle, et Éléonore est mordante et trouve des défauts à tout.

ISABELLE.

C'est un effet de sa vivacité, madame ; elle parle sans réfléchir et rend toujours ses premières impressions ; mais elle est obligeante, et il serait difficile de trouver une demoiselle de son âge plus propre, plus soigneuse, plus raisonnable.

Mme DUVAL.

Ces autres demoiselles paraissent fort bien aussi.

ISABELLE.

Oui, madame, elles sont toutes charmantes ; Marguerite surtout est un modèle de raison et de piété.

SCÈNE V.

LES MÊMES, Mme TOURNEUIL, ÉLÉONORE.

Mme TOURNEUIL.

Bonjour, madame; je suis enchantée de vous voir. Comment vous trouvez-vous?

Mme DORSANGE.

C'est à vous qu'il faut le demander, madame; vous devez être bien fatiguée.

Mme TOURNEUIL.

Vous badinez; lorsque l'on reçoit de vraies amies et qu'on ne fait point de cérémonies, il n'y a que du plaisir et point de fatigue. (*Les trois dames s'asseoient et causent ensemble. Mme Duval paraît distraite ; elle écoute Éléonore et Isabelle, qui sont debout sur le devant de la scène.*)

ÉLÉONORE, *à Isabelle.*

C'est Jenna qui doit être fatiguée... Que de folies elle a faites! une enfant de dix ans aurait montré plus de décence et de raison.

ISABELLE.

Elle est si gaie qu'elle ne sait pas se retenir quand elle s'amuse ; au reste, ce n'est pas dommage, elle communique sa gaîté à tout ce qui l'entoure. Qu'elle est aimable !

ÉLÉONORE.

Quand elle ferait moins d'étourderies, elle le serait encore plus. Mais on ne la remarquerait pas, et il faut que l'on s'occupe d'elle.

ISABELLE.

Je t'assure qu'elle ne s'en soucie guère ; elle pense à rire, et voilà tout. ·

ÉLÉONORE.

As-tu remarqué avec quelle avidité Charlotte se servait des friandises qui lui étaient présentées?

ISABELLE.

J'étais si occupée à savourer moi-même ces beaux et bons mets qui étaient accumulés sur votre table, que je n'ai prêté aucune attention à ce qu'ont fait les autres.

ÉLÉONORE.

Bah ! tu as dû remarquer que plusieurs personnes...

SCÈNE VI.

LES MÊMES, MARGUERITE, JENNA, CHARLOTTE, ZÉNOBIE.

MARGUERITE, *en entrant.*

J'ai l'honneur de vous saluer, mesdames.

Mme DUVAL.

Ah ! mesdemoiselles, il ne manquait que vous pour compléter notre petite réunion. Veuillez vous asseoir.

MARGUERITE.

Nous ne pouvons nous arrêter, madame ; nous venions seulement vous inviter à une petite partie de plaisir. Nous nous proposions de passer chez Mme Dorsange, et nous sommes enchantées de la trouver ici avec Isabelle.

Mme TOURNEUIL.

De quoi s'agit-il, mes chères enfants ?

JENNA.

Nous venons d'apprendre que le château de Mme de Saint-Clair est ouvert, par la permission du régisseur, à la curiosité du public. Il est superbe, dit-on et les jardins surtout sont des chefs-d'œuvre de symétrie et de bon goût. Nous voulons donc profiter de la permission et le visiter en détail; nous venons vous engager à en faire autant.

CHARLOTTE.

D'autant mieux que cette dame arrive cette semaine; il est très-peu probable qu'elle ratifie cette permission.

Mme DORSANGE.

Je ne le pense pas; elle sera sans doute bien aise d'être tranquille chez elle.

ISABELLE.

Sans doute.

Mme TOURNEUIL.

Qu'en dis-tu, ma sœur?

Mme DUVAL.

Cette dame ne veut pas vivre seule, et j'aimerais mieux visiter son château lorsqu'elle y sera installée.

ÉLÉONORE.

Vraisemblablement elle ne le permettra pas; elle n'est pas commode.

Mme DUVAL.

Qu'en sais-tu?

2.

ÉLÉONORE.

Je l'ai oui dire par une infinité de personnes.

Mme TOURNEUIL.

Il faut ajouter peu de foi aux bruits qui circulent et penser que la malignité les augmente toujours.

ÉLÉONORE.

Il est possible ; mais ses domestiques s'effraient de son arrivée, et la petite Mariette, cousine de notre fille, ne sait vraiment pas si elle doit y rester ou non.

Mme DUVAL.

Cela est assez extraordinaire ; cette dame n'est jamais venue ici, et les domestiques choisis par son régisseur ne peuvent pas la connaître. Cette jeune fille est très-sotte d'exprimer des craintes qui pourraient la faire renvoyer.

ÉLÉONORE.

Elle ne l'a dit qu'à sa cousine, et, comme nous ne sommes ici que des personnes discrètes, elle ne risque rien.

Mme TOURNEUIL.

Pour moi, j'en ai peu entendu parler ; je sais seulement qu'elle est très-désirée dans la ville. Depuis si longtemps ce château n'est pas habité ! il semble que l'arrivée des maîtres doit apporter la joie dans le pays. On espère que le commerce intérieur de la ville y gagnera.

ÉLÉONORE.

C'est probable ; car on la dit très-coquette, aimant avec passion le luxe, la toilette, les fêtes brillantes, en un mot se plaisant à éclabousser tout le monde par ses folles dépenses. Rien ne lui coûte, dit-on, pour contenter son orgueil.

CHARLOTTE.

Eh bien! tant mieux, elle occupera les ouvrières.

JENNA.

Il y en a tant qui ne sont pas occupées !

MARGUERITE.

Ah! qu'elle ne vienne pas réveiller le goût de la dissipation et du plaisir dans une ville où il est déjà trop !

ISABELLE.

Non, non; j'ai ouï dire, moi, que Mme de Saint-Clair est une pieuse veuve qui s'adonne aux bonnes œuvres : nos pauvres seront secourus.

ÉLÉONORE.

Tu peux t'y attendre !... tu ne sais donc pas que les cordons de sa bourse ne se délient jamais ? Elle est avare! avare! au delà de toute expression.

Mme DUVAL.

Sois donc conséquente avec toi-même, ma nièce ; tu dis qu'elle efface tout le monde par ses prodigalités, et tu ajoutes qu'elle est avare. Comment arranges-tu cela ?

ÉLÉONORE.

Fort bien, ma tante. Cette dame est égoïste; rien ne lui coûte pour elle-même, mais elle refuse les moindres secours à son prochain.

Mme DORSANGE.

Comme le dit votre chère maman, il faut ajouter

peu de foi aux bruits répandus indiscrètement contre
le prochain ; ils sont souvent faux.

ÉLÉONORE.

Ah ! sans doute ils peuvent être exagérés ; mais il
n'y a pas de fumée sans feu.

Mme DUVAL.

D'où tu conclus qu'il y a toujours du vrai dans tout
ce que l'on débite ; et moi, dans une matière aussi
délicate, je ne me rends qu'à l'évidence.

ÉLÉONORE.

Vous êtes si bonne, ma tante ! Au reste, je dis ce
que j'ai entendu dire, et, comme je ne connais pas
cette dame, je n'y attache aucune importance.

Mme DUVAL.

Et tu as grand tort ; tu devrais penser qu'il est très-
disgracieux pour une étrangère d'arriver dans un pays
où elle est connue défavorablement.

MARGUERITE.

Tout le monde ne partage pas ce sentiment ; notre
amie a été mal informée.

Mme DUVAL.

Je le souhaite.

ZÉNOBIE.

Lydorie aura passé par là.

JENNA, *à demi-voix.*

Que tu es sotte, ma pauvre Zénobie !

ÉLÉONORE.

Je ne connais pas Lydorie ; il est possible qu'elle
ait mis son petit appendice ; enfin, nous le verrons.

CHARLOTTE.

En attendant, je crois qu'il est plus sûr d'aller visiter son château avant son arrivée.

ÉLÉONORE.

Sans doute ; le régisseur seul risquera d'être réprimandé, car on dit qu'elle ne badine pas avec ses gens ; elle ne passe rien ; pour un oui, pour un non, un domestique est à la porte.

Mme DUVAL.

C'est donc un diable ?

MARGUERITE.

Et, lorsqu'elle sera ici, peut-être l'appellera-t-on l'ange tutélaire du pays. Déjà les réparations du château et les embellissements des jardins ont mis l'aisance dans bien des familles. Voulez-vous venir avec nous, mesdames ?

Mme DUVAL.

Je vous remercie, mesdemoiselles ; je ne le puis pas, je suis fatiguée.

Mme TOURNEUIL.

Nous restons auprès de toi, ma fille et moi.

Mme DUVAL.

Je ne voudrais pas vous priver de votre promenade.

ÉLÉONORE.

Vous n'y pensez pas, ma tante. Y a-t-il pour nous un plaisir plus grand que celui d'être auprès de vous ?

JENNA.

Nous sommes bien peinées de cela, mesdames ;

nous aurions eu beaucoup de plaisir à faire cette promenade avec vous. (*A M*^me *Dorsange.*) Et vous, madame, venez-vous ?

Mme DORSANGE.

Oui, mes enfants, je vais vous accompagner. Au revoir, mesdames. (*Elles sortent.*)

SCÈNE VII.

Mme DUVAL, Mme TOURNEUIL, ÉLÉONORE.

Mme DUVAL.

Je suis fâchée que vous restiez à la maison à cause de moi ; il m'était impossible de sortir, mais je pouvais rester seule.

Mme TOURNEUIL.

Tu badines, ma bonne sœur ; nous avons beaucoup plus de plaisir dans ta compagnie que dans les promenades les plus agréables.

ÉLÉONORE.

Oh ! certainement ; nous avons été pendant si longtemps privées de votre présence, nous avons tant soupiré après vous, et il y a si peu de temps que vous êtes arrivée !

Mme DUVAL.

Et je dois repartir si tôt !

Mme TOURNEUIL.

Que dis-tu, ma sœur ?

ÉLÉONORE.

Avez-vous oublié, chère tante, que vous êtes venue vous fixer parmi nous pour ne plus nous quitter?

Mme DUVAL.

C'était mon intention ; mais les circonstances présentes me forcent d'y renoncer et de quitter à jamais ce pays.

Mme TOURNEUIL.

Et qui peut t'inspirer cette funeste résolution ?

Mme DUVAL.

L'honneur. Comment resterais-je dans une ville où je suis méprisée, détestée, décriée ? car enfin je suis cette Mme de Saint-Clair qu'Éléonore vient de peindre sous de si noires couleurs.

ÉLÉONORE.

Vous, ma tante ! O malheur !...

Mme TOURNEUIL.

C'est impossible !

Mme DUVAL.

Rien n'est plus vrai, c'est moi-même. Devenue propriétaire d'une fortune considérable, je me faisais un plaisir délicieux de la partager avec vous et d'être la seconde mère d'Éléonore. J'avais acheté ce château afin que nous l'habitassions ensemble, et je me réjouissais, en allant le visiter, de vous mettre en possession des appartements que je vous avais destinés, et qui ne diffèrent des miens qu'en ce qu'ils sont meublés avec plus d'élégance et de goût.

Mme TOURNEUIL.

Mais ce nom de Saint-Clair ?...

Mme DUVAL.

C'était celui de l'excellent homme à qui mon mari a rendu d'immenses services, et qui, en nous léguant toute sa fortune, nous a priés d'ajouter son nom au nôtre.

ÉLÉONORE, *en sanglottant.*

Que je suis malheureuse !...

Mme TOURNEUIL.

Tu es cruellement punie de t'être laissée aller à l'intempérance de ta langue ; tu as outragé une tante chérie et déchiré le cœur de ta mère.

ÉLÉONORE, *redoublant ses pleurs.*

Hélas ! hélas !...

Mme TOURNEUIL.

Triste journée !... Ah ! ma sœur, pourquoi as-tu agi avec tant de mystère ?

Mme DUVAL.

N'ayant jamais mérité, par ma conduite, les bruits injurieux répandus sur mon compte, je croyais procurer une surprise agréable, et non une déception.

Mme TOURNEUIL.

Il en eût été ainsi sans ton détestable défaut, Éléonore. Comment pourras-tu actuellement mériter ton pardon ?

ÉLÉONORE, *s'approchant de sa tante.*

Ah ! ma tante, si vous pouviez lire dans mon âme, vous verriez le regret cuisant qui me déchire, et vous ne m'en voudriez plus.

Mme DUVAL.

T'en vouloir, ma nièce ? Ce sentiment est loin de ma pensée ; je ne puis attribuer ta conduite à la haine, puisque tu me traites comme tu te traites toi-même.

ÉLÉONORE, *d'un air étonné.*

Ma tante !...

Mme TOURNEUIL.

Que veux-tu dire ? Explique-toi, je t'en supplie.

Mme DUVAL.

Vous allez me comprendre aisément lorsque vous saurez que cette Lydorie dont Éléonore s'est tant amusée est elle-même...

ÉLÉONORE, *étonnée.*

Moi ?...

Mme TOURNEUIL.

Je te comprends moins que jamais ; tout ceci est une énigme pour moi.

Mme DUVAL.

Lydorie est un mot tiré du grec, m'a-t-on dit ; il signifie mauvaise langue. Uu jeune collégien a appliqué ce nom à ma nièce, et il a été accueilli avec acclamation par toute la ville ; tout le monde s'en amuse. J'ai découvert cela à la soirée d'hier, et j'attendais le moment favorable pour vous prévenir et réparer le mal.

Mme TOURNEUIL.

Malheureuse mère que je suis !...

ÉLÉONORE.

Perfides amies ! fallait-il me raconter ce qu'elles

pensaient sur mon compte et me le dire sous un nom injurieux ! Quel piége elles m'ont tendu !

Mme DUVAL.

J'en conviens ; mais les ménageais-tu toi-même ? en as-tu dit du bien une seule fois ? n'as-tu pas, au contraire, en toute occasion dénigré leur conduite et leur caractère ? Elles n'ont pas inventé ce nom, mais elles ont trouvé qu'il était bien appliqué.

ÉLÉONORE.

Quelle noirceur !

Mme DUVAL.

Deux seulement, Marguerite et Isabelle, dont la prudence et la raison t'ont fourni tant de quolibets, ont pris généreusement ta défense, et ont porté, autant qu'elles l'ont pu, les cœurs de leurs compagnes à la charité.

Mme TOURNEUIL.

Désormais, ma fille, fais-en tes seules amies, et que...

ÉLÉONORE, l'interrompant.

Eh ! puis-je rester dans une ville où je suis détestée ? Oserai-je paraître dans les rues pour entendre résonner à mes oreilles le nom injurieux que l'on m'a donné ? Ma tante, ma chère tante, emmenez-moi avec vous.

Mme DUVAL.

Je m'en garderai bien ; je suis aimée et considérée dans le pays que je quittais pour ma famille, je ne veux pas m'exposer...

Mme TOURNEUIL, *l'interrompant.*

Ah ! ma bonne sœur, ne me laisse pas seule au chagrin qui me dévore ; je ne pourrais le supporter, et tu ne me reverrais plus... Grand Dieu ! quel coup terrible de la part d'une fille qui m'était plus chère que la vie !

ÉLÉONORE.

Vous me percez le cœur, maman. O mon Dieu ! mon Dieu ! (*Elle sanglotte en silence.*)

SCÈNE VIII.

LES MÊMES, Mme DORSANGE, ISABELLE, MARGUERITE, CHARLOTTE, JENNA, ZÉNOBIE.

JENNA, *en entrant.*

Notre curiosité n'a pas été satisfaite ; l'avis était faux, et le régisseur, après nous avoir fait attendre longtemps, est venu nous dire qu'il était impossible... Mais qu'as-tu donc, Éléonore, et vous, mesdames ? vous paraissez consternées.

Mme DORSANGE, *avec intérêt.*

Vous est-il arrivé quelque chose de fâcheux pendant notre absence ?

JENNA, *allant auprès d'Éléonore.*

Éléonore, ma bonne amie, quel est le sujet de ton chagrin ?

ÉLÉONORE, *la repoussant.*

Laissez-moi ! laissez-moi ! Ah ! que je suis malheureuse !

ISABELLE, *allant à elle.*

Ma bonne amie !

ÉLÉONORE, *lui prenant les mains.*

Ah ! ma chère Isabelle, si j'étais donc digne de ton amitié ! Je t'en conjure, et toi aussi, ma chère Marguerite, ne me repoussez pas, soyez mes seules amies.

CHARLOTTE.

Que veut dire tout ceci ?

Mme TOURNEUIL.

Vous devriez le comprendre, mademoiselle.

ZÉNOBIE, *à part.*

Je m'y perds.

Mme DORSANGE, *à Mme Duval.*

Ma chère amie, je t'en conjure, au nom de notre ancienne amitié, tire-moi d'inquiétude et dis-moi le sujet de tes chagrins.

Mme DUVAL.

Eh bien! ma chère Joséphine, tu comprendras aisément l'état où vous nous trouvez, quand tu sauras que je suis cette dame de Saint-Clair si cruellement déchirée tout à l'heure.

Mme DORSANGE, *avec étonnement.*

Toi !

Mme DUVAL.

Moi-même; et ma nièce vient d'apprendre qui est cette Lydorie, objet des railleries de toute la ville.

JENNA, *à part, frappant du pied.*

O contrariété !

Mme DORSANGE.

Je ne puis revenir de mon étonnement. Je savais ta fortune rapide, mais j'ignorais ton changement de nom.

MARGUERITE.

Recevez mes compliments bien sincères, madame.

Mme DUVAL.

Ils sont hors de saison avec la réputation qui m'a précédée.

JENNA.

Éléonore a été mal informée, madame, pardonnez-lui; et toi, mon amie, pardonne-nous aussi. Nous n'avons, certes, pas trouvé le nom injurieux qu'on t'a donné, mais nous aurions dû te prévenir et empêcher de le répandre. Un peu blessées de quelques propos tenus sur notre compte, nous ne l'avons pas fait. Pardonne-nous, Éléonore, et ne nous retire pas ton amitié.

ÉLÉONORE.

Pouvez-vous désirer l'amitié d'une personne perdue de réputation ?

Mme DORSANGE.

On ne perd point sa réputation à votre âge, mon enfant ; il est toujours possible de faire revenir les gens de l'opinion qu'ils ont de nous. Que la leçon d'aujourd'hui vous serve à toutes, mes bonnes amies. Soyez convaincues que le mal que vous dites de votre prochain vous nuit plus qu'à lui-même ; rien n'est pire qu'un cœur méchant. Soyez bonnes et charitables envers tout le monde, mais aimez-vous les unes les autres d'une amitié chrétienne ; avertissez-vous réciproquement de vos défauts, et, comme personne n'en est exempt sur la terre, soyez indulgentes et on le sera pour vous ; alors vous verrez que vous serez bientôt aussi aimées, aussi désirées partout que vous seriez craintes et détestées si vous suiviez la voie funeste où vous vous êtes imprudemment engagées.

ÉLÉONORE.

Il n'est plus de bonheur pour moi sur la terre.

Mme DORSANGE.

Et vous êtes peut-être en chemin pour arriver au véritable bonheur. Corrigez-vous de vos funestes habitudes, et vous bénirez un jour le profond chagrin qui aura été la cause de votre changement. (*A Mme Duval.*) Ma chère, ma bonne amie, sois généreuse ; tu vois le repentir de ta nièce, pardonne-lui, et tu n'auras qu'à t'applaudir de ton indulgence.

Mme DUVAL.

Et me pardonnera-t-on à moi les défauts dont je
suis chargée aux yeux du public ?

Mme DORSANGE.

L'opinion publique est pour toi, et tes qualités es-
timables t'auront bientôt acquis autant d'amis que
tu feras de connaissances.

ÉLÉONORE, *d'un air suppliant.*

Ma tante, laissez-vous toucher.

Mme DUVAL.

Je te pardonne, Éléonore ; je cède à tes larmes, aux
sollicitations de mon amie, et plus encore à la tendre
amitié qui m'unit à ton excellente mère. Si tu te cor-
riges, tu seras ma fille, mon amie ; mais si tu oses te
permettre la plus légère médisance, actuellement que
tu sais par expérience quels traits cuisants elle enfonce
dans le cœur de ceux qu'elle attaque, je t'abandonne
à jamais, et je te retire mon amitié ; c'est toi qui pré-
pareras ton avenir.

ÉLÉONORE.

Vous serez contente, ma bonne tante ; j'ai trop
souffert pour manquer jamais à mes résolutions.

CHARLOTTE.

Et nous, Éléonore, veux-tu nous pardonner ?

ÉLÉONORE.

Après l'indulgence dont je suis l'objet, aurais-je le

droit d'être vindicative ? Ne dois-je pas me trouver heureuse qu'après tous mes torts vous vouliez bien resserrer les nœuds d'une amitié qui fait tout mon bonheur ? Vous n'entendrez jamais sortir de ma bouche aucune parole qui puisse offenser personne, je vous le promets.

ZÉNOBIE.

Alors Lydorie va retourner sur les bancs du collége, d'où elle n'aurait jamais dû sortir.

Mme DUVAL.

Ma sœur bien-aimée, du courage ! supporte en paix cette humiliation si sensible au cœur maternel, et dans quelque temps tu béniras ce jour comme ayant été l'aurore du bonheur de la vie.

FIN DU SECOND ET DERNIER ACTE.